# BEI GRIN MACHT SICH IHR WISSEN BEZAHLT

- Wir veröffentlichen Ihre Hausarbeit,
  Bachelor- und Masterarbeit

- Ihr eigenes eBook und Buch -
  weltweit in allen wichtigen Shops

- Verdienen Sie an jedem Verkauf

## Jetzt bei www.GRIN.com hochladen und kostenlos publizieren

# Krafttraining mit Diagnose, Zielsetzung und Trainingsplanung zur Erhöhung der Kraftausdauer und zum Muskelaufbau

Marie-Louis Ebert

**Bibliografische Information der Deutschen Nationalbibliothek:**

Die Deutsche Nationalbibliothek verzeichnet diese Publikation in der Deutschen Nationalbibliografie; detaillierte bibliografische Daten sind im Internet über http://dnb.d-nb.de abrufbar.

ISBN: 9783346782458
Dieses Buch ist auch als E-Book erhältlich.

© GRIN Publishing GmbH
Nymphenburger Straße 86
80636 München

Druck und Bindung: Books on Demand GmbH, Norderstedt Germany
Gedruckt auf säurefreiem Papier aus verantwortungsvollen Quellen

Das vorliegende Werk wurde sorgfältig erarbeitet. Dennoch übernehmen Autoren und Verlag für die Richtigkeit von Angaben, Hinweisen, Links und Ratschlägen sowie eventuelle Druckfehler keine Haftung.

Das Buch bei GRIN: https://www.grin.com/document/1308630

Deutsche Hochschule für

Prävention und Gesundheitsmanagement

Hermann Neuberger Sportschule 3

66123 Saarbrücken

# Einsendeaufgabe

| | |
|---|---|
| **Fachmodul**: | Trainingslehre I |
| **Studiengang**: | Bachelor of Arts - Gesundheitsmanagement |
| **Datum Präsenzphase:** | 22.06.-25.06.2020 |
| **Name, Vorname**: | Ebert, Marie-Louis |
| **Studienort:** | **Leipzig** |
| **Semester:** | **WS 2019** |

# Inhaltsverzeichnis

# 1 Diagnose

## 1.1 Allgemeine und biometrische Daten

Die folgende tabellarische Darstellung fast alle wichtigen allgemeine sowie biometrische Daten der Testperson zusammen.

Tab. 1: Angaben allgemeiner und biometrische Daten der Testperson

| | |
|---|---|
| Alter | 24 Jahre |
| Geschlecht | Weiblich |
| Körpergröße | 1,72m |
| Körpergewicht | 62kg |
| Trainingsmotive | Allgemeine Fitness (Kraftausdauer), Muskelaufbau und somit Stabilisation Gelenke (vorbeugend) |
| berufliche Tätigkeit | Polizistin |
| aktuelle und frühere sportliche Aktivitäten | 5.-12. Lebensjahr 2mal pro Woche à 1,5h Tanzen; 11.-18. Lebensjahr 4mal die Woche à 2h Leichtathletik; derzeit halbherzig 2-3h Stunden Fitnessstudio und joggen |
| Leistungsstufe | geübt bis fortgeschritten |
| Trainingsumfang | Ganzkörper |
| zeitlicher Verfügungsrahmen | 3-5 Stunden wöchentlich |
| Blutdruck | Gemessen: 125mmHg/82mmHg<br><br>Optimal: <120/80<br>Normal: 120-129/80-84<br>Hypertonie I: 140-159/90-99<br>Hypertonie II: 160-179/100-109<br>Hypertonie III: >180/>110 |
| orthopädische und internistische Probleme | keine |
| ärztliche Behandlungen | keine |
| Einnahme von Medikamenten | keine |
| sonstige gesundheitliche Einschränkungen | keine |

Die Testperson (TPx) ist nach Angaben aller benötigten Parameter kerngesund. Durch die intensive Belastung in Kindes- und Jugendalter, bestand bereits eine regelmäßig stattfindende sportliche Belastung. Dadurch wurden grundlegende Punkte, wie verbesserte Regenerationsfähigkeit, Muskelwachstum oder die Muskelfaserrekrutierung, bereits gezielt auf trainiert. Aus dem gemessene Blutdruckergebnis lässt sich schlussfolgern, dass die Person vollständig belastbar ist und keine zu beachtenden Einschränkungen mitbringt. Unterstützt wird diese Tatsache dadurch, dass die Testperson in einem Alter ist, welches keine Alterseinschränkungen mit sich bringt. Durch derzeit durchgeführte sportliche Aktivitäten lässt sich die Person bereits unter „geübt" einstufen. Somit kann man ein intensives und zielgesteuertes Krafttraining durchführen.

## 1.2 Krafttestung mit der xRM-Methode

### 1.2.1 Begründung des Testverfahrens

Für die bereits beschriebene TPx wurde der Mehrwiederholungskrafttest, auch kurz xRM-Test genannt, gewählt. Unter der Bezeichnung xRM versteht man die maximale Last, die dynamisch bewegt werden kann. Voraussetzung hierfür ist ein vorgegebener Bewegungsablauf und eine korrekte Bewegungstechnik. Das 30-RM legt schlussfolgernd die maximale Last fest, die bei korrekter Bewegungstechnik maximal dreißigmal dynamisch bewegt werden kann (Fröhlich, M. & Kemmler, W. (2020). Kraft und Krafttraining im Sport. In Güllich, A. & Krüger, M. (Hrsg.), *Bewegung, Training Leistung und Gesundheit*. Berlin, Heidelberg: Springer-Verlag). Bei der gesundheitlich optimalen Grundlage ist die Wahl des Krafttestes eher sekundär. Die Trainingsziele der TPx werden von den allgemeinen Wirkungen eines Krafttrainings abgedeckt. Dazu gehören: Aufbau von Muskelmasse, Leistungssteigerung oder auch Verbesserung der Kraftausdauer. Zwar besteht bereits Erfahrung mit einer intensiven sportlichen Belastung, jedoch kann man mit Hilfe dieser Krafttestung langfristig besser auf den Wachstum an Muskelmasse und der persönlichen Steigerung an den Geräten eingehen.

### 1.2.2 Testablauf

Zu Beginn der Durchführung, muss eine Wiederholungszahl für x festgelegt werden. Hierbei wurden 30 Wiederholungen (WH) angesetzt. Somit wird der Krafttest auch als „30-RM-Test" bezeichnet. Innerhalb von drei Testsätze muss nun TPx an zuvor gewählten Geräten 30 WH mit einem gewissen Gewicht durchführen. Hierbei darf sie nicht mehr als 30 WH schaffen, aber auch nicht weniger. Dennoch werden knapp 29 erzielte WH gezählt. Die TPx beginnt mit einer allgemeinen Erwärmung von ungefähr 15 Minuten. Diese wird auf dem Laufband absolviert. Somit wird eine langsam steigende Durchblutung der später benötigten Muskeln erzielt.

Danach startet TPx den 30-RM-Test mit einem für sich regulären Gewicht im ersten Testsatz und führt die bereits angegebenen 30 WH durch. Sollte es möglich sein, mehr WH durchzuführen, wird der Testsatz abgebrochen, und ein höheres Gewicht eingestellt. Somit herrscht nur eine leichte Anstrengung. Im nächsten Satz erhöht sich das Gefühl der Anstrengung auf schwer, jedoch wäre immer noch mehr als die vorgegebene Satzgrenze möglich. Somit erfolgt für den dritten und somit letzten Testsatz eine weitere Steigerung. In diesem Satz erreicht TPx nur mit Mühe die letzten WH und ordnet ihre gefühlte Anstrengung auf „sehr schwer" ein. Somit ist der Satz beendet und das verwendete Gewicht des letzten Testsatzes wird als Ergebnis eingetragen. Sollte an den darauffolgenden Geräten bereits im ersten oder zweiten Satz die maximale Anstrengung erreicht worden sein, wird die Testübung abgebrochen, und direkt das Gewicht eingetragen. Sollte das Gewicht im ersten Satz zu hoch sein, wird für den nächsten Satz ein niedrigeres eingestellt.

### 1.2.3 Tabellarische Darstellung des Testes

Die folgende Tabelle fasst die X-RM Testübungen, -gewichte, -sätze und -ergebnisse zusammen. Die Angaben der Gewichte sind rein theoretisch.

Tab. 2: x-RM Testübungen, -gewichte, -sätze und -ergebnisse

| Übungen | Anvisierte Wiederholungen | 1. Satz | 2. Satz | 3. Satz | Testergebnis = 100% ILB |
|---|---|---|---|---|---|
| Beinpressen an der Beinpresse (sitzend) | 30 | 20kg | 25kg | 30kg | 40 |
| Knieextension an der Knieextensionmaschine | 30 | 10kg | 20kg | 15kg | 15 |
| Rudern an der Rudermaschine mit Kabelzug | 30 | 15kg | 20kg | 30kg | 30 |
| Latzug am Latzug zum Nacken mit Kabelzug | 30 | 10kg | 15kg | 20kg | 20 |

| Liegende Rumpfflexion an der Rumpfflexionsmaschine | 30 | 15kg | 20kg | | 20 |
|---|---|---|---|---|---|
| Brustpressen an der Brustpresse | 30 | 20kg | | | 20 |
| Butterfly am Butterlfly | 30 | 10kg | 15kg | | 15 |
| Armextension am Tricepsdrücken am Kabelzug | 30 | 5kg | 10kg | | 10 |

## 1.2.4  Weitere Trainingssteuerung und Trainingsplanung

In der folgenden Zeit wird mit den bereits festgestellten Testergebnis gearbeitet. Da die TPx auf eine allgemeine Verbesserung der Fitness und einem Muskelaufbau hinarbeiten möchte, können diese Werte für den zukünftigen Vergleich genutzt werden. Die Ergebnisse werden zur Erstellung der Trainingspläne genutzt und für eine darauf aufbauende Leistungssteigerung. Trotz der großen Erfahrung im Sportbereich, wird zum Wiedereinstieg ein Kraftausdauertraining gewählt. Hierbei wird die Regenerationsfähigkeit verbessert und u.a. die Proteinversorgungswege aufgebaut. Diese ist vor allem für ein langfristig geplantes Training von großer Wichtigkeit.

# 2  Zielsetzung/Prognose

Die dargestellte Tabelle führt die Trainingsziele der TPx auf.

Tab. 3: Zielsetzung der TPx

| Ziele | Zentrale Kriterien (Reihenfolge: Inhalt, Ausmaß, Zeit) |
|---|---|
| Erhöhung der xRM-Testergebnisse | Verbesserung der xRM-Testergebnisse |
| | Verbesserung pro Übung um 5% |
| | nach dem ersten Mesozyklus |
| Körperfettanteil: 29% | Körperfettreduktion |
| | Reduktion um 7% |
| | in 2-3 Jahren (langfristiges Ziel) |
| Umfang der Beine erhöhen | Beinumfang wird größer |
| | auf beiden Seiten 2cm (keine Dysbalance gemessen) |
| | innerhalb des ersten Jahres |

Jedes, der hier aufgeführten Ziele, dient in erster Linie der Ästhetik und der Leistungssteigerung. Eine Erhöhung der xRM-Ergebnisse führt die Leistungssteigerung der TPx vor Augen und ist somit auch ein motivierender Aspekt. Als langfristiges Ziel wird die Verringerung des Körperfettanteils genannt. Dieses wurde bereits realistisch als ein langfristiges Ziel festgelegt, da hierbei mehrere Faktoren wie Ernährung, Trainingsintensität, Trainingszustand oder auch die optimale Trainingsmethode mit reinspielt. Unabhängig davon, kann sich dieses Trainingsziel im laufe der Zeit in seiner Zahl nochmal ändern. Das zuletzt genannte Ziel, Erhöhung der Beinumfänge, hat sich bei TPx während einer Vermessung herauskristallisiert. Sie möchte ihre Beine definierter haben und orientiert sich somit an der Zahl des Umfangs. Da keine Dysbalance herrscht, ist ein Ausgleich nicht notwendig und somit ein beidseitig regelmäßiges Training möglich.

# 3  Trainingsplanung Makrozyklus

## 3.1  Trainingsplan

Die folgende Tabelle zeigt die langfristige Trainingsplanung, welche auf TPx zugeschnitten ist.

Tab. 4: Makrozyklusplanung für TPx

| | | Mesozyklus I | | Mesozyklus II | | Mesozyklus III | | Mesozyklus IV |
|---|---|---|---|---|---|---|---|---|
| Dauer | | 6W | | 6W | | 6W | | 6W |
| Trainingsziel | | KA | | Hyp. | | IK | | KA |
| Trainingssystem | | GK Stationstraining | | GK Stationstraining | | GK Stationstraining | | GK Stationstraining |
| Häufigkeit/Woche | 30 RM | 3 | 15 RM | 3 | 5 RM | 3 | 20 RM | 3 |
| Übungen/Muskel | | 2 | | 2 | | 2 | | 2 |
| Sätze/Übung | | 2-3 | | 2 | | 2 | | 3 |
| Intensität | | 60-80% | | 60-80% | | 60-80% | | 70-90% |

| Wiederholungen | 30 | 15 | 5 | 20 |
|---|---|---|---|---|
| Satzpausen | 90 Sek. | 50 Sek. | 40 Sek. | 60 Sek. |

## 3.2 Begründungen

### 3.2.1 Begründung der Trainingsmethode

Wie bereits zuvor schon gesagt, ist die Wahl der Trainingsmethode bei TPx nicht von gesundheitlichen Einschränkungen oder ähnlichem abhängig. Ebenso hätte sie auch einen 1-RM-Test durchführen können. Durch die xRM-Testmethode können wir jedoch die Verbesserung der Kraft besser vor Augen führen und eher auf das Trainingsziel der Kraftausdauer eingehen. Zudem besteht die Gefahr, zukünftig mit einem unterschwelligen Trainingsreiz zu arbeiten. Somit in ein Muskelwachstum nicht garantiert. An die eigenen körperlichen Grenzen zu gehen und sich stätig zu verbessern, gehört u.a. zu den Trainingszielen und wird durch festgelegte Trainingsprinzipien gefestigt. Diese beinhalten die Trainingsgrundsätze, Organisation und selbstverständlich den systematischen Aufbau des Trainings.

### 3.2.2 Begründung der Parameter

Laut Hottenrott und Neumann in dem Buch „Trainingswissenschaft: Ein Lehrbuch in 14 Lektionen", erschienen 2016 im Meyer & Meyer Verlag, sind die wesentlichen Normative der Trainingsbelastung: Belastungsumfang, -intensität, -dauer, -häufigkeit, -dichte und Bewegungsausführung. Grundsätzlich sollte ein Muskeltraining 2- bis 4-mal in der Woche durchgeführt werden. Diese Vorgabe ist durch die Trainingshäufigkeit von 3-mal in der Woche gegeben. Hierbei ist es wichtig, die Trainingsbelastung an der im Alltag anzupassen (Mathias, D. (2018). Fit und gesund von 1 bis Hundert. *Ernährung und Bewegung – Aktuelles medizinisches Wissen zur Gesundheit*. Berlin, Heidelberg: Springer-Verlag). Ein Mehrsatztraining lässt sich damit begründen, dass der Energieumsatz und die metabolische Ausbelastung größer ist als beim Einsatztraining. Zudem wird durch die Übungsreihenfolge, die Komplexität der Übung, die Muskelarbeitsweise und dem Bewegungsumfang die Zielsetzung bestimmt (Fröhlich & Kemmler, 2020, S. 12). Um unterschiedliche Trainingsreize für den Muskel zu setzten, ist es sinnvoll, die Übungsreihenfolge ständig zu ändern und die Anstrengungen zu variieren. Dies wurde im Makrozyklus soweit umgesetzt, dass die Regelmäßigkeit des Trainings pro Woche und die Satzzahl beibehalten wurde, jedoch die Intensität zw. 60-80% variiert. Eine allgemeine Trainings-steigerung ist durch den Mesozyklus IV bereits angedeutet. Des Weiteren sollte Intensität als auch Umfang als moderate Belastungssteigerung durchgeführt werden (Mathias, 2018, S. 103). Die Festlegung der Wiederholungszahl ist abhängig von den Basiskraft-trainingsmethoden. Um diese konstant in der Serienwiederholung halten und bewältigen zu können, muss im Sinne der sogenannten Serienregression die Gewichtsbelastung er-höht werden (Fröhlich & Kemmler, 2020, S.12). Hierbei wird auf den möglichen Spiel-raum der Intensität zurückgegriffen. Die Übungen sind so zusammengestellt, dass jeder Muskelgruppenbereich abgedeckt ist, und somit ein Ganzkörpertraining ermöglicht wird. Die Ausführung aller Übungen in drei Sätzen nimmt eine Zeit von ca. 40 Minuten in Anspruch. Mit einer eingerechneten Erwärmung von ca. 15 Minuten, würde eine Trai-ningseinheit eine gute Stunde dauern. Der zeitliche Verfügungsrahmen der TPx liegt bei drei bis fünf Stunden wöchentlich und ermöglicht somit auch zwei Mal in der Woche eine Trainingseinheiten von zwei Stunden. Dadurch kann die Satzzahl pro Übung unter der Woche variiert werden und der TPx ein neuer Trainingsreiz ermöglicht werden.

### 3.2.3    Begründung der Organisationsform

Die hierfür gewählte Trainingsform ist das Stationstraining. Das bedeutet, dass man die vorgegebenen Sätze hintereinander an einem Gerät vollzieht. Zwischendurch werden kurze Pausen eingelegt. Da die TPx keine gesundheitlichen Einschränkungen aufweist, und somit nicht gelenkschonend oder ähnliches trainieren muss, ist es ihr möglich, die Belastung beim Durchführen einer Übung intensiv mehrere Sätze zu halten. Durch den zeitlichen Rahmen von 1 Stunde an jeweils 3-5 Tagen die Woche, ergibt sich die Mög-lichkeit, regelmäßig Anpassungen und Steigerungen im Training einzubauen.

### 3.2.4    Begründung der Periodisierung

Angewendet wurde die klassische lineare Periodisierung (LP). Diese Periodisierung weist ein initial hohes Trainingsvolumen und eine niedrige Trainingsintensität auf (Fröhlich, M., Kemmler, W. & Pfeiffer, M. (2020). Training im Sport als Prozess - Trainingssteue-rung. In Güllich, A. & Krüger, M. (Hrsg.), *Bewegung, Training Leistung und Gesundheit.* Berlin, Heidelberg: Springer-Verlag). Volumen und Intensität bleibt über die Einheiten in einem Mesozyklus gleich, was auch den Unterschied der linearen Periodisierung zu den anderen ausmacht (Fröhlich, Kemmler & Pfeiffer, 2020, S. 23). Hierbei werden die unterschiedlichen Trainingsmethoden über die Mesozyklen hinweg abwechselnd angewendet. Die Dauer der Mesozyklen beträgt in diesem Fall sechs Wochen. In dem angegebenen Makrozyklus ist die Anwendung der Basiskrafttrainingsmethoden in einer bestimmten Reihenfolge festgelegt. Die Methoden sind: Kraftausdauer, Hypertrophietraining und Maximalkrafttraining. Da TPx zwar Erfahrung im Bereich des intensiveren Trainings hat, wird dennoch auf den sicheren Einstieg in Form der Kraftausdauer gesetzt. Die Regenerationsfähigkeit verbessert sich und die Proteinversorgungswege werden aufgebaut. Dies ist eine gute Voraussetzung für den Muskelwachstum, welcher im Prozess des Hypertrophietrainings stattfindet. Dies erfolgt anhand submaximaler Belastung. Der allgemeinen Muskelwachstum beinhaltet im Gesamten die Entwicklung der Muskelmasse, des Musklequerschnitts, der Muskelarchitektur sowie der fettfreien Muskelmasse. Darauf aufbauen folgt in Mesozyklus III das Maximalkrafttraining, welches die Muskelfaserrekrutierung bewirkt. Diese erfolgt möglichst maximal, genauso wie die Frequenzierung und Synchronisation von motorischen Einheiten im Sinne von inter- und intramuskulärer Koordination. Die Anpassung bleibt jedoch gering, wodurch die primäre Funktion die Steigerung der Relativkraft darstellt (Fröhlich & Kemmler, 2020, S. 11).

# 4   Trainingsplanung Mesozyklus

## 4.1   Trainingsplan/Mesozyklusdarstellung

Die nun folgende Tabelle stellt einen aufgestellten Mesozyklus dar.

| Leistungsstufe: | Geübt | Satzzahl pro Übung: | 2 |
| Trainingsziel: | GK, MA | Satzpausen: | 90 Sekunden |

Tab. 5: Mesozyklus für TPx

| Übung | WH | Test xRM | Wo. 1 60% | Wo. 2 60% | Wo. 3 70% | Wo. 4 70% | Wo. 5 80% | Wo. 6 80% |
|---|---|---|---|---|---|---|---|---|
| Beinpressen an der Beinpresse (sitzend) | 30 | 40kg | 24kg | 24kg | 28kg | 28kg | 32kg | 32kg |
| Knieextension an der Knieextensionmaschine | 30 | 15kg | 9kg | 9kg | 10,5kg | 10,5kg | 12kg | 12kg |

| | | | | | | | |
|---|---|---|---|---|---|---|---|
| Rudern an der Rudermaschine mit Kabelzug | 30 | 30kg | 18kg | 18kg | 21kg | 21kg | 24kg | 24kg |
| Latzug am Latzug zum Nacken mit Kabelzug | 30 | 20kg | 12kg | 12kg | 14kg | 14kg | 16kg | 16kg |
| Liegende Rumpfflexion an der Rumpfflexionsmaschine | 30 | 20kg | 12kg | 12kg | 14kg | 14kg | 16kg | 16kg |
| Brustpressen an der Brustpresse | 30 | 20kg | 12kg | 12kg | 14kg | 14kg | 16kg | 16kg |
| Butterfly am Butterlfly | 30 | 15kg | 9kg | 9kg | 10,5kg | 10,5kg | 12kg | 12kg |
| Armextension am Tricepsdrücken am Kabelzug | 30 | 10kg | 6kg | 6kg | 7kg | 7kg | 8kg | 8kg |

## 4.2 Begründung des übergeordneten Konzeptes der Übungswahl und der Übungen

Der aufgeführte Mesozyklus zeigt den Trainingsplan einer Person, welche ein reguläres Ganzkörpertraining wünscht. Ziel ist es, Muskulatur aufzubauen und somit definierter zu werden. Um für die Person, welche in die Leistungsstufe „geübt" einzuordnen ist, eine saubere und korrekte Ausführung zu Beginn gewährleisten zu können, wird bei dieser Trainingsplanung noch ausschließlich auf Maschinenübungen gesetzt. Zudem senkt es das Verletzungsrisiko durch fallende Gewichte. Durch die vorgegebenen Bewegungsabläufe können gesundheitliche Risiken, wie beispielsweise die Pressatmung, verringert werden. Durch das Ausatmen entsteht ein großer Druck von 100-200 mmHg im Brustraum. Da die Ausatmungsbewegung hierbei gegen die geschlossenen Atemwege geht, werden innere Venen abgedrückt und Hals- sowie Stirnvenen stark gestaut (Mathias, 2018, S. 106). Die Wahl der Übungen deckt alle großen Muskelgruppen ab und garantiert somit das gewünschte Ganzkörpertraining. Die Muskelgruppen werden geordnet von unten nach oben trainiert. Begonnen wird mit der Beinpresse. Die Bewegung wird im sitzen durchgeführt und stärkt die Knie- und Hüftstreckmuskulatur (Tillman, B. (2016). Atlas der Anatomie des Menschen. Berlin, Heidelberg: Springer-Verlag). Hauptfokus liegt hierbei auf den vorderen Oberschenkelmuskel (M. quadriceps femoris) und dem großen Gesäßmuskel (M. gluteus maximus) (Tillman, 2016, S. 636). Durch die Ausführung an der Knieextensionsmaschine, wird in der Kniebeugemuskulatur primär der zweiköpfige Oberschenkelmuskel (M. biceps femoris) gestärkt (Tillman, 2016, S. 628). Diese Übung dient somit der Zielsetzung, den Oberschenkelumfang zu erhöhen. Durch das Rudern im Sitzen am Kabelzug an der Rudermaschine wir die obere Rückenmuskulatur (M. latissimus dorsi, M. teres major, M. trapezius pars transversa), die hintere Schultermuskulatur (M. deltoideus pars spinata) und der Biceps (M. biceps brachii) trainiert. Durch das Heranziehen des Griffes an den Bauchnabel, werden die Ellenbogen eng am Körper nach hinten gezogen und die Schulterblätter ziehen sich zusammen. Erweiternd für den unteren Trapezmuskel (M. trapezius pars ascendens) wird die Latzug zum Nacken angewendet (Tillman, 2016, S. 600-605). Somit hat TPx die Schultermuskelmuskeln in das Ganzkörpertraining integriert. Ausgleichend zur Rückenmuskulatur wird nun an der Rumpfflexionsmaschine die gerade Bauchmuskulatur (M. rectus abdominis) und die Hüftbeugemuskulatur (Tillman, 2016, S. 579) trainiert. Ziel ist es, die Wirbelsäule zu stabilisieren und die Ausbildung eines Hohlkreuzes durch eine zu starke Rückenmuskulatur vorzubeugen. Dazu dient auch die Ausführung an der Brustpresse. Zielmuskulatur ist, wie bereits der Name sagt, der große Brustmuskel (M. pectoralis major) und ebenso der vordere und mittlere Anteil des Deltamuskels (M. deltoideus pars clavicularis und pars acromialis). Hinzu kommt der Antagonist des Biceps, der Triceps (M. triceps brachii). Durch die Ausführung am Butterfly mit Handgriffen, die Arme sind horizontal knapp unter Schulterhöhe und führen die Hebelarme Richtung Körpermitte, liegt wieder der Fokus auf dem großen Brustmuskel und dem vorderen Deltamuskel (Tillman, 2016, S. 601-605, S. 609). Eine Problemzone bei Frauen ist u.a. der schlackernde Oberarm. Um der vorzubeugen, wird zuletzt der triceps noch einmal trainiert. Als Trainingsmittel wird das Tricepsdrücken am Kabelzug genutzt. Fokus liegt ausschließlich auf dem M. triceps brachii (S.609). Durch die Ausführung aller Übungen wird jeweils Agonist und Antagonist trainiert. Einer muskuläre Dysbalance wird damit vorgebeugt.

# 5 Literaturrecherche

Die aufgeführte Tabelle stellt einen Studienvergleich zur Thematik „Effekte des Krafttrainings bei Rückenbeschwerden" dar.

Tab. 6: Vergleich zweier Studien zum Thema "Effekte des Krafttrainings bei Rückenbeschwerden"

|  | „Die Trainierbarkeit der Rumpf-, Nacken- und Halsmuskulatur von dekonditionierten Rückenschmerzpatienten" | „Welche Bedeutung haben physische Leistungssteigerungen, Alter, Geschlecht und Trainingsumfang für die Wirksamkeit eines Rückentrainings?" |
|---|---|---|
| Quellenverweis | Denner, A. (1999) | Müller, G., Pfinder, M., Lyssenko, L., Giurgiu, M., Clement, M., Kaiserauer, A., Heinzel-Gutenbrunner, M., Bös, K. & Kohlmann, T. (2019) |
| Durchführende Personen | Dr. A. Denner | Angebot der AOK Baden-Württemberg (seit 2005) |
| Publikationsjahr | 1999 | 2019 |
| Forschungsfrage | Sind die Wechselbeziehungen zwischen dem natürlichen Alterungsprozess, akuter Schädigung, beruflichen Belastungen, dem allgemeinen Gesundheitszustand, der physischen Fitness sowie psychosozialer Faktoren für Rückenschmerzen verantwortlich? | Welche Bedeutung haben physische Leistungssteigerungen, Alter, Geschlecht und Trainingsumfang für die Wirksamkeit eines Rückentrainings? |
| Versuchspersonen | 2748 Männer & Frauen; Alter zw. 13-85 Jahren; müssen Nachweis der wissenschaftlich-medizinischen Notwendigkeit sowie Vorliegen einer ärztlichen Diagnose & ärztlichen Unbedenklichkeitsbescheinigung erbringen | 1395 Personen; 65% Frauen, 35% Männer; Durchschnittsalter: 46,9 Jahre; alle Versicherte der AOK Baden-Württemberg, welche vom behandelten Arzt ein Rezept oder eine Präventionsempfehlung aufgrund eines Wirbelsäulensyndroms mit erheblicher Symptomatik ausgestellt wurde |
| Versuchsaufbau | 2 Programme: A10 & A24, enthalten standardisiertes Trainingskonzept für Rückenschmerzpatienten mit unterschiedlichen Dekonditionsstadien (I-IV) sowie darauf aufbauend ein präventives Trainingsprogramm; Dekonditionsstadium I & II nach Denner: 10-wöchiges Aufbauprogramm mit 10 Trainingseinheiten, eine Trainingseinheit pro Woche à 60 Minuten, Programmbezeichnung: A10 | Studie durchgeführt in insgesamt 39 Standorten über 24 Monate; Untersuchungsteilnehmer wurden zu 5 Messzeitpunkten befragt und getestet (t0 bis t4, jeweils Abstand von einem halben Jahr); multimodales Rückentraining (RT) besteht aus: dynamischen Krafttraining der Rumpfstabilisierung & Nackenmuskulatur, funktionsgymnastischen Übungen, Stretching & ergonomischen Verhaltenstraining zu wirbelsäulengerechtem Sitzen sowie Arbeits- und Hebetechniken; |

| | | |
|---|---|---|
| | Dekonditionsstadium III & IV nach Denner: 12-wöchiges Aufbauprogramm mit 24 Trainingseinheiten, zwei Trainingseinheiten pro Woche à 60 Minuten, Programmbezeichnung: A24; langfristig orientiertes Trainingsprogramm zur weiterführenden Prävention: regelmäßige Trainingseinheit pro 7-10 Tage, Dauer: jeweils 60 Minuten; Hauptinterventionsmaßnahme: progressives dynamisches Krafttraining; Berücksichtigung von unterdurchschnittlich entwickelter Belastungstoleranz & Regenerationsfähigkeit mit folgenden methodischen Konsequenzen: Limitierung Trainingshäufigkeit auf 1-2 Einheiten pro Woche, Auswahl intensitätsorientierten Methodik & Minimierung Belastungsumfang, ausgedehnte Pausenintervalle zw. einzelnen Übungen, Verzicht auf kurzzeitige maximale Kontraktionen sowie explosive Kraftsätze, Verzicht auf ermüdende & erschöpfende Kraftbelastungen während ersten sechs Wochen; je nach Funktionszustand der Wirbelsäule werden trainingsmaßnahmen individualisiert und gesteuert: Trainingsziel, Reihenfolge der Trainingsübungen, Belastungsintensität, Trainingshäufigkeit nach Prioritätsprinzip; Folgeanalysen werden regelmäßig durchgeführt – Ziel: Effizienzkontrolle, Modifikation & Steuerung des Trainingsprozesses | Probanden konnten Programm wahlweise mehrmals durchlaufen; Programm eines halben Jahres umfasst 36 einstündige Trainingseinheiten über einen Zeitraum von 24 Wochen; ersten 12 Wochen: zwei Trainingseinheiten pro Woche (Basistraining in vier Phasen); danach eine Trainingseinheit pro Woche (Erhaltungstraining); Vor Beginn & jeweils nach Basis- und Erhaltungstraining wird biomechanische Funktionsanalyse der Wirbelsäule durchgeführt; an Trainingsmaschinen wird Beweglichkeit und Maximalkraft der Rumpfstabilisatoren gemessen und in Relation zu alters- und geschlechtsspezifischen Normwerten gesetzt; entstehendes Stärke-/Schwächeprofil fließt in Trainingsplanung ein; Basistraining: an fünf Trainingsmaschinen je ein Trainingssatz absolviert; Trainingsintensität wird auf Basis der Maximalkraftergebnisse berechnet; bei Wechsel der Trainingsmaschine wird jeweils gerade trainierte Muskulatur gedehnt; für Transfer auf Alltagsbedingungen wird ab 13. Einheit Heimtrainingsprogramm mit funktionsgymnastischen Übungen erlernt, das durch Trainingshandbuch und Informationen zu rückengerechtem Verhalten in Alltag und Beruf unterstützt wird; Heimtraining soll, zum Erhalt der Verbesserungen, selbstständig fortgeführt werden; für die Veranschaulichung der Schwere der Beschwerden wurde ein Back Pain Function Score (BPFS) verwendet, welcher einer Rating-Skala von 0 bis 10 entspricht |
| Ergebnisse | Die Tage mit Rückenbeschwerden nahmen bei Patienten mit Dekonditionierungsstadium I und II nach Denner, welche am A10-Programm teilnahmen, um 58,7% ab; Tage mit schmerzbedingt eingeschränkter Aktivität um 70,8% und die Anzahl der krankengymnastischen Behandlungen um 75,3%. Physikalische Behandlungen waren nicht notwendig. Außerdem | Zu Beginn des Trainings berichtete 35,6% der Stichprobe über mittlere bis starke schmerzbedingte Funktionseinschränkungen; Teilnehmer trainierten im Durchschnitt 41 Trainingseinheiten à 60 Minuten; nach zwei Jahren ist die BPFS um durchschnittlich 37,5% zurückgegangen; die Leistungsfähigkeit steigerte sich in Kraft um 28,1%-Punkte, in Mobilität um 14,7%-Punkte & im Kraftverhältnis um |

| | | |
|---|---|---|
| | war kein Teilnehmer in den 10 Wochen des Programms wegen Rückenbeschwerden krankgeschrieben. 38,9% der Rückenschmerzpatienten mit Dekonditionierungsstadium III und IV, welche am A24-Programm teilnahmen, empfanden nach Beendigung des Aufbauprogramms eine vollständige Beschwerdefreiheit. | 6,5%-Punkte. Auf den Trainingseffekt hatte das Geschlecht keine und das Alter nur eine marginale Auswirkung. |
| Schluss-folgerungen | Bei Patienten mit subakuten und chronischen Rückenschmerzen können Defizite und Dysbalancen der wirbelsäulenstabilisierenden Muskulatur, mit Hilfe progressivem dynamischen Krafttraining, in einem 10-12 wöchigen Trainingszeitraum vollständig beseitigt bzw. nennenswert reduziert werden. Somit sollten mehr Personen, die dieses Beschwerdebild aufweisen, ein Krafttraining durchführen. | Auf die Reduzierung der Rückenbeschwerden wirkt sich physische Leistungssteigerung positiv aus. Deutlich wichtiger für den Rückgang der Rückenbeschwerden ist jedoch die Anzahl der Trainingseinheiten. |

# 6 Literaturverzeichnis

Denner, A. (1999). Die Trainierbarkeit der Rumpf-, Nacken- und Halsmuskulatur von dekonditionierten Rückenschmerzpatienten. *Manuelle Medizin*, 37 (1), 34-39.

Fröhlich, M. & Kemmler, W. (2020). Kraft und Krafttraining im Sport. In Güllich, A. & Krüger, M. (Hrsg.), *Bewegung, Training Leistung und Gesundheit*. Berlin, Heidelberg: Springer-Verlag, S. 4, 11-12.

Fröhlich, M., Kemmler, W. & Pfeiffer, M. (2020). Training im Sport als Prozess - Trainingssteuerung. In Güllich, A. & Krüger, M. (Hrsg.), *Bewegung, Training Leistung und Gesundheit*. Berlin, Heidelberg: Springer-Verlag, S. 23.

Hottenrott, K. & Neumann, G. (2016). Trainingswissenschaft: Ein Lehrbuch in 14 Lektionen. Aachen: Meyer & Meyer Verlag.

Mathias, D. (2018). Fit und gesund von 1 bis Hundert. *Ernährung und Bewegung – Aktuelles medizinisches Wissen zur Gesundheit*. Berlin, Heidelberg: Springer-Verlag, S. 103, S. 106.

Müller, G., Pfinder, M., Lyssenko, L., Giurgiu, M., Clement, M., Kaiserauer, A., Heinzel-Gutenbrunner, M., Bös, K. & Kohlmann, T. (2019). Welche Bedeutung haben physische Leistungssteigerungen, Alter, Geschlecht und Trainingsumfang für die Wirksamkeit eines Rückentrainings? *Der Schmerz*, 33 (1), 139-146.

Tillman, B. (2016). Atlas der Anatomie des Menschen. Berlin, Heidelberg: Springer-Verlag, S. 579, S. 600-605, S. 609, S. 628, S. 636.

# 7 Tabellenverzeichnis